少林武术精粹系列丛书

少林拳（十六）

德虔　德炎　编著

北京体育大学出版社

责任编辑：姜艳艳
责任校对：曹晓燕
版式设计：李　鹤

图书在版编目（CIP）数据

少林拳. 十六 / 德虔, 德炎编著. -- 北京 : 北京体育大学出版社, 2022.1
（少林武术精粹系列丛书）
ISBN 978-7-5644-3578-3

Ⅰ. ①少… Ⅱ. ①德… ②德… Ⅲ. ①少林拳－套路(武术) Ⅳ. ①G852.15

中国版本图书馆CIP数据核字(2022)第007596号

少林拳（十六）
SHAOLINQUAN(SHILIU)
德虔　德炎　编著

出版发行：北京体育大学出版社
地　　址：北京海淀区农大南路1号院2号楼2层办公B-212
邮　　编：100084
网　　址：http://cbs.bsu.edu.cn
发 行 部：010-62989320
邮 购 部：北京体育大学出版社读者服务部 010-62989432
印　　刷：北京昌联印刷有限公司
开　　本：880mm × 1230mm　1/32
成品尺寸：148mm × 210mm
印　　张：3
字　　数：59千字
版　　次：2022年1月第1版
印　　次：2022年1月第1次印刷
定　　价：13.80元

前 言

武术作为中国的国粹，是中华民族传统文化的组成部分。家喻户晓的少林武术便是其中极具代表性的门类，是中国武术的重要象征。

我社与少林武术结缘已久，伴随着时光的流逝，有多种内容、多样组合、各种形式的载有少林武术的出版物，源源不断地从我社注入市场，为方兴未艾的少林武术热潮平添了更高的热度。可以说，少林武术图书一直与我社相伴相随，成为我社具有长期出版价值的图书门类。其中，少林武术图书的编纂者——已故的王长青（法号释德虔）先生功不可没。他经年累月锲而不舍，寻于寺院、觅于乡间，挖掘出大量尘封的少林武术资料，继而分门别类梳理、整饬成一册册书稿，并与我社携手努力，打造出独树一帜的武术图书板块，为我社的武术图书出版打开了新局面。

今天，在着力弘扬中华优秀传统文化，树立和增强文化自信的大背景下，我社将以往出版的少林武术书籍重新进行了编排，以全新的面貌推出“少林武术精粹系列丛书”，这是我社多年来少林武术出版情结的延续，是对积累和沉淀的少林武术资源的再一次整合与展示，更紧密契合了时代的要求。

通过这套书，读者可以研习刚柔相济、闪转腾挪的少林功夫，可以感悟其中凝结的中华智慧，可以领略武术文化的博大精深……这便是我社对这套书出版价值的期待。

目　录

少林风火拳

动作名称

预备势
1.白云罩顶
2.上步冲拳
3.摆脚撩掌
4.龙翘尾巴
5.咬金拔桩
6.金鸡抖羽
7.金鸡捣臼
8.铁牛耕地
9.乌龙施风
10.大鹏展翅
11.双手推碑
12.十字通臂
13.夜叉切瓜
14.十字采脚
15.二起飞脚
16.连环打捶
17.织女推剪
18.提膝击掌
19.双手推碑
20.野马上槽
21.巨星坠地
22.紫燕抖翅
23.太公降妖
24.卧龙盘空
25.大鹏甩膀
26.转身冲捶
27.小鬼亮牌
28.猴王提玉带
29.卧狮张嘴
30.十字采脚
31.转身铺地锦
32.李纲站朝
33.马步揣拳
34.罗汉显威
35.老僧拜佛
收　势

动作图解

预备势

两脚并立，两臂下垂，五指并拢，附于大腿外侧，掌心向内，身体挺直，目视前方。（图1）

1.白云罩顶

抬右脚向前上一步，再上左脚震脚，与右脚成并步；同时右掌上架于头上右侧，掌心向上，掌指向左；左掌由外向内端于腹部左侧，掌心向上，掌指向右；目视前方。（图2）

图 1

图 2

2.上步冲拳

左脚向左跨一步，两脚踝地，身体向左转90度，成左弓步；同时两掌变拳，左拳向前冲击，拳心向右，右臂屈肘，右拳抱于胸前；目视左拳。（图3）

图 3

3.摆脚撩掌

以左脚为轴，抬右脚由右向前往左旋摆90度；同时两拳变掌，由右向左拍打右脚面；目视两掌。（图4）

上述动作不停，右脚下落于左脚前外侧半步，抬左脚移于右脚右侧半步，再抬右脚震脚，与左脚成并步；同时左掌由右向左撩摆，掌心向左，掌指向上；右臂屈肘，右掌护于胸前，掌心向上，掌指向左；目视左掌。（图5）

图 4

图 5

4.龙翘尾巴

右脚向右跨一步，两脚踉地，身体向右转90度，抬左腿向右后摆踢；同时出右手向左拍打左脚跟部，左手向上架于头左侧前上方；目视前下方。（图6）

5.咬金拔桩

左脚向前一步落地，两手向前猛抓，然后两脚踉地，身体向右转90度，两腿屈膝成马步；同时两掌由外向内屈肘抖腕狠抓，然后变拳，拳心向内；目视前方。（图7）

图 6

图 7

6.金鸡抖羽

两脚踉地，身体向右转90度；两拳变掌向前推出，掌心向前；目视前方。（图8）

上述动作不停，抬右腿向左摆踢；同时左手向右拍打右脚内侧，右手向后上方撩出；目视左手。（图9）

图 8

图 9

7.金鸡捣臼

右脚落地，与右脚并步；右掌变拳，由上向下砸击左掌；同时震右脚，两腿半蹲；目视前方。（图10）

图 10

8.铁牛耕地

两脚踝地，身体向左转90度，抬右脚向前上一步，两腿屈膝成马步；左掌变拳，两拳回胸前环撩，然后左拳由右向左侧撩打，拳心向前，右臂屈肘，右拳抱于右肋下，拳心向上；目视左拳。（图11）

上述动作不停，两脚踝地，身体向左转90度；两拳先向前再往后抓；同时上体前俯，抬右脚向前上步（图12）。然后再上左脚，形如走牛。

图 11

图 12

9.乌龙施风

起身，以左脚为轴，抬右腿向左旋摆180度；同时出左掌向右拍击右脚内侧，右掌向身后撩打，掌心向外，掌指斜向上；目视左手。（图13）

图 13

10.大鹏展翅

右脚下落左脚前，左腿提膝；同时右掌由后向前拍击左膝上部，左掌由前向后撩，掌心向右，掌指斜向上；目视前方。（图14）

上述动作不停，左脚向前一步落地，两脚踝地，身体向左转90度，速抬右脚向前一步，左腿再向后提起；同时两手由胸前向两侧展出，掌心向外，掌指向上；上体向右倾探；目视右侧。（图15）

图 14

图 15

11.双手推碑

左脚落于右脚左侧，与左脚成并步，身体稍右转，两腿屈膝稍下蹲；同时两手回胸前环劈，然后向前方推出，掌心向前，掌指向上；目视两掌。（图16）

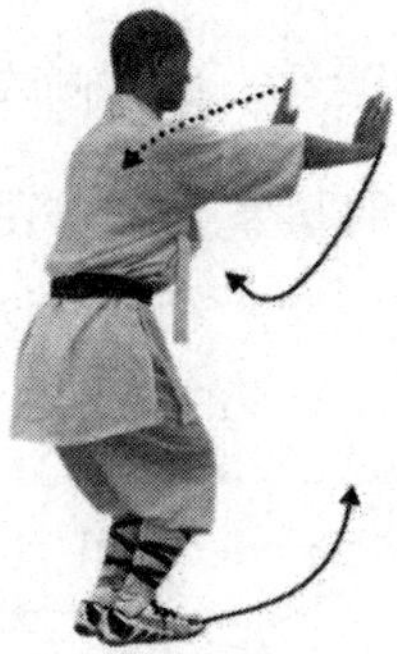

图 16

12.十字通臂

右脚向前上一步，两腿成右弓步；同时两掌变拳，右臂屈肘前扛，肘尖向前，左臂屈肘，左拳护于胸前，拳心向上；目视右肘。（图17）

上述动作不停，抬左脚向前上一步，两腿成左弓步；同时两拳变掌，由胸前向前后冲击，掌心向外，掌指斜向上；目视左侧。（图18）

图 17

图 18

13.夜叉切瓜

右脚向前一步，两脚踩地，身体向左转90度，移动左脚，两腿屈膝成马步；左臂向内屈肘抖掌，右臂由右向左屈肘切左肘；目视右手。（图19）

图 19

14.十字采脚

两脚踩地，身体向左转45度，抬右腿向前弹踢，出左手向前拍打右脚面，右手向后撩，掌心向外，掌指斜向上；目视左手。（图20）

上述动作不停，右脚下落于左脚前一步，抬左腿向前弹踢，出右手向前拍打左脚面，左手向后撩，掌心向外，掌指斜向上；目视右手。（图21）

图 20

图 21

15.二起飞脚

左脚落右脚前一步，速抬右脚上前一步，抬左脚，再伸右腿向前向上弹踢；当全身腾空时，出右手向前拍打右脚面，同时左掌变勾手，勾尖向下；目视前方。（图22）

图 22

16.连环打捶

右脚落地后，左脚向前上一步，屈膝成左弓步；两手变拳，左

拳向前冲打，拳心向下；同时右拳向外撩，然后抱于胸侧，拳心向上；目视左拳。（图23）

上述动作不停，右脚向前上一步，两脚踉地，身体向左转90度，两腿成马步；同时左臂屈肘向外扛，拳心向内，右拳向右撩打，拳心向下；目视右拳。（图24）

图 23

图 24

17.织女推剪

两脚踉地，身体向右转90度，抬左脚向前踮跳一步，右脚落在左脚前，屈膝成右弓步；同时两手由胸两侧向前成插手推出；目视两手。（图25）

18.提膝击掌

两脚踉地，身体向左转180度，右脚向前上一步，抬左腿向前提膝；同时两臂随身向前屈肘，两掌在胸前合击，掌心相对；目视前方。（图26）

图 25

图 26

19.双手推碑

左脚向前一步落地，抬右脚向前右侧上一步，落于左脚右侧，左腿微提膝；同时两掌由胸前向两侧拦撩，然后向前推出，掌心向前，掌指向上；目视两掌。（图27）

20.野马上槽

两脚向前跳一步，两手向前抓，然后右腿提膝；左掌由上向前下方拍打，落于右膝上部，右掌向右侧后上方撩摆，掌心向外，掌指斜向上；目视前方。（图28）

图 27

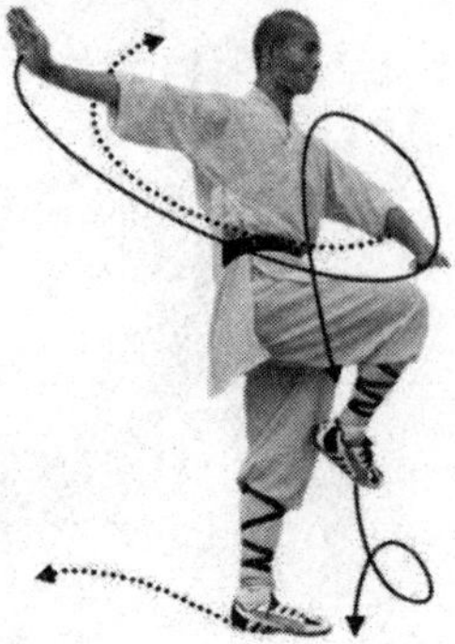

图 28

21.巨星坠地

右脚向前一步落地，两脚踉地，身体向左转90度，两手随身由右向左平撩，然后震右脚，与左脚成并步，两腿微蹲；同时两掌变拳，右拳由上向下栽击，拳心向内，左拳向上架于头上左侧，拳心向前；目视右侧。（图29）

22.紫燕抖翅

两脚向右跳步，身体向右转180度，两腿落地成马步；同时两拳变掌，由胸前向两侧展出，掌心向外，掌指向上；目视左掌。（图30）

图 29

图 30

23.太公降妖

两脚向右跳步，身体向右转180度，抬右腿提膝；同时两手由后向前扫撩，然后左掌向左侧下方斜插，掌心向前，掌指斜向下，右掌向外抓，变拳抱于胸际；目视左手。（图31）

24.卧龙盘空

右脚原地下落，两脚踉地，身体向右转180度，两腿成叉步；同时两手随身撩绕，转身后右掌变拳，向右后侧撩打，拳心向下，左掌向外向上画弧，然后架于头上左侧，掌心向上；目视右侧。（图32）

图 31

图 32

25.大鹏甩膀

抬右脚落于左脚外侧一步，两脚踉地，身体向右转90度；同时两手回胸前环劈，然后右拳向前往右撩打，左掌变拳，屈肘抱于左肋下侧；目视右拳。（图33）

上述动作不停，抬左脚向前踮跳一步，右腿向前猛踢；同时两拳变掌，向两侧展撩；目视右脚。（图34）

图 33

图 34

26.转身冲捶

右脚落于左脚前一步，抬左脚向前上一步，两腿屈膝；同时两掌变拳，右拳向前略偏下方冲击，拳心向下，左拳架于头上前方，拳心向前；目视前方。（图35）

上述动作不停，两脚踬地，身体向右转180度，两腿成右弓步；同时左拳向前猛冲，拳心向下，右臂屈肘，右拳收于右肋下侧，拳心向上；目视左拳。（图36）

图 35

图 36

27.小鬼亮牌

抬左脚向前上一步，两脚踬地，身体向右转90度，右腿屈膝，左腿蹬直，成右弓步；同时两拳变掌，展臂向前推出，掌心向前，掌指向上；目视前方。（图37）

28.猴王提玉带

两掌回胸前环弧，右手向左抓，然后屈肘上提变拳；同时抬左

腿提膝，左掌由右向左下方撩打；目视左掌。（图38）

图 37

图 38

29.卧狮张嘴

左脚向后一步落地，两脚踉地，身体向左转180度，左腿屈膝半蹲，右腿跪地；同时左掌变拳，与右拳在胸前环撩，然后左拳向上架于头上左侧，拳心向右，右拳向下砸击，拳心向左；目视前方。（图39）

图 39

30.十字采脚

起身，抬右腿向前弹踢；同时两拳变掌，出左掌向前拍打右脚面，右掌展臂后撩，掌心向外，掌指斜向上；目视前方。（图40）

上述动作不停，右脚向前一步落地，抬左腿向前弹踢；同时出右掌向前拍打左脚面，左掌向后展臂后撩，掌心向外，掌指斜向上；目视前方。（图41）

图 40

图 41

31.转身铺地锦

左脚向后一步落地，两脚踾地，身体向左转180度，两腿成左弓步；同时两手由胸前环弧后向前后斜撩，掌心向外，掌指斜向上；目视前方。（图42）

上述动作不停，抬右脚向前踮跳一步，左脚落右脚前，两腿成左仆步；同时两掌向胸前下方拍击。

图 42

32.李纲站朝

起身，两腿成左弓步，右掌向前抓，然后端于腰间，掌心向上；同时左掌向左前方推出，掌心向前，掌指向上；目视左掌。（图43）

上述动作不停，抬右脚向左侧横踮跳一步，左脚落右脚左侧一步，震右脚与左脚成并步；同时左掌变拳，左臂屈肘亮拳，左拳高与肩平，拳心向前；右掌向右侧下方撩劈，掌心向外，掌指斜向上；目视右侧。（图44）

图 43

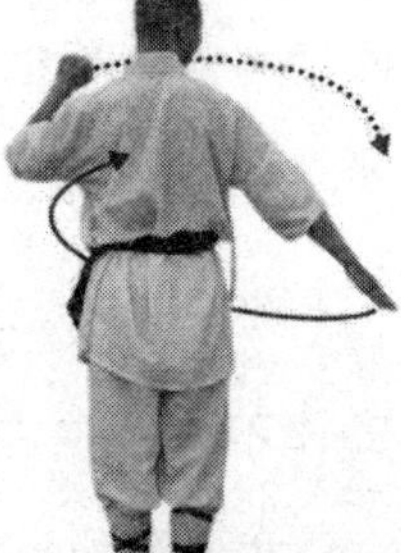

图 44

33.马步揣拳

两脚向右跳步转体180度，转体后成马步；同时右掌变拳，两拳随身撩打，然后在胸前环劈，左拳向左侧揣击，拳心向下，右臂屈肘，右拳抱于右肋侧，拳心向内；目视左拳。（图45）

34.罗汉显威

抬右脚向左横跳一步，两拳变掌，左掌向右环劈，右掌向左环劈。震右脚与左脚成并步，两腿伸直站立；同时两掌变拳，由内向外向上抖肘亮于胸前，高与胸平，拳心向内；目视前方。（图46）

图 45

图 46

35.老僧拜佛

抬左脚向左跨一步，两腿屈膝成马步；同时两拳变掌，交环于胸前，然后向两侧推出，掌心向外；目视前方。（图47）

上述动作不停，收左脚与右脚成并步，两腿伸直站立；同时两臂由外向内屈肘，合掌于胸前；目视前方。（图48）

图 47

图 48

收 势

两脚不动；两掌下落再向外向上向里画弧，然后下落于两胯外侧，掌心向内，掌指向下；目视正前方。（图49）

图 49

少林醉拳

动作名称

预备势
1.双手取杯
2.连饮三杯
3.太白醉酒
4.醉仙敬天
5.酒花四射
6.仙童弹球
7.转身碰杯
8.金鸡独立
9.虎将让杯
10.醉仙拜天
11.罗汉出酒
12.醉君观音
13.铁牛耕地
14.天王托塔
15.仙童弹球
16.八仙醉坪
17.暗箭四射
18.溜地旋风
19.醉汉观星
20.文王赏酒
21.醉汉拜地
22.蛤蟆跌丘
23.城下献酒
24.饮酒护首
25.太白醉酒
26.铁牛耕地
27.醉汉观阵
28.仙童弹球
29.罗汉出酒
30.八仙醉坪
31.酒花四射
32.将帅碰杯
33.仙童弹球
34.小三让杯
35.文王赏酒
36.醉仙敬天
37.醉汉让酒
38.醉仙坐坪
39.黑风扫林
40.天王端塔
41.城下献杯
42.李白拜地
43.醉汉观星
44.醉汉碰杯
45.金鸡独立
46.醉仙敬天
47.醉汉谢主
收　势

动作图解

预备势

两脚八字站立，上体挺直；两臂下垂，两手五指并拢，下贴两大腿外侧，掌心向内，掌指向下；目视前方。（图1）

1.双手取杯

两脚跟提起，向前各上半步；两手向胸前画弧抖腕后，两掌变成杯拳，屈肘献于胸前，高与胸平，两拳心向内；目视前方。（图2）

图 1

图 2

2.连饮三杯

左脚向右脚前盖步，左拳杯向上作饮酒势。（图3）

上述动作不停，左拳杯回原位，提右拳杯做饮酒势，收回右拳杯，再提左拳杯作饮酒势；同时右脚向左脚旁落一步，两脚变成马步。（图4）

图 3

图 4

3.太白醉酒

两脚蹍地，身体向右转90度；左拳杯向左后方甩，两脚尖点地，左脚上半步，同时晃腰跌倒跪地，右拳杯向上欲饮；目视右拳杯。（图5）

上述动作不停，震臂晃身，两膝缓起，左拳变掌向后甩成内勾手，右拳杯再向前上送。（图6）

图 5

图 6

4.醉仙敬天

身体向左转180度，右脚向前上一步，晃腰与左脚并步；右拳杯向上屈肘灌饮，左勾手变拳杯向后，拳心向前，晃腰仰头，全身后仰成前弓形；目视右拳杯。（图7）

5.酒花四射

右脚向前上一步，晃腰，左脚紧跟一步，并步站立；两拳杯同时向下搀杯，随之晃腰，右拳杯向上直臂泼酒，直竖头顶上方，然后左拳杯向下甩，拳心向后；目视右拳杯。（图8）

图 7

图 8

6.仙童弹球

右脚向前跳一步落地，速抬左腿向前向上弹踢，脚面绷平；右臂在左脚弹起后屈肘，右拳杯献于胸前欲饮，上体后仰；目视右拳杯。（图9）

7.转身碰杯

左脚落于右脚后一步，身体向左转180度，晃腰，右脚向前上半步，左脚跟提起；右拳杯收回，左拳杯欲饮，然后向前屈肘向上做碰杯势，上体稍向左侧倾斜；目视左拳杯。（图10）

图 9

图 10

8.金鸡独立

左腿向外向左摆，身体向左转90度，然后晃腰落地，右腿提起；右拳杯向后甩，藏于右大腿与下腹皱缝处，左拳杯经胸部向前上屈肘甩出，拳心向内，杯口向上；目视左拳杯。（图11）

9.虎将让杯

右脚落地，身体向右转90度，双膝欲跪，上身后仰，头部尽力前俯，晃腰；同时两拳杯随之由外向内缓画半弧，右拳杯随身势前击，左拳杯向左向下甩，然后放于腰侧；目视右拳杯。（图12）

图 11

图 12

10.醉仙拜天

右脚后移一步，身体向右转180度，两脚跟离地；左手随身向下画弧，然后向前抓，再向后甩；同时抬右脚向前上半步与左脚并步，右拳杯向右，再向左画弧一周，然后绕胸前对嘴翻杯，作饮酒势，上身向后仰，头向后背；目视天空。（图13）

11.罗汉出酒

上述动作不停，两膝欲跪，晃腰；右拳杯由上向外向下甩，左手同时向上向外画弧，再向前抓，上体后仰，头稍向前栽，两手变成五花掌，同时向后屈肘亮掌；目视前方。（图14）

图 13

图 14

12.醉君观音

起身，右脚向后退一步，身体向右转180度，同时晃腰；两掌随身上下抖肘、旋臂，右掌经胸前向右下方反插，掌心向左，左臂外旋屈肘，左掌向右上方穿过，亮掌，掌心向右；上体稍向后仰，同时左腿半跪，脚尖点地；目视前方。（图15）

13.铁牛耕地

向前晃腰，颤腿，先左脚后右脚向前跳一步，右脚落地伸直，左腿向后上方弹踢，脚尖上翘，同时上身向前用力前伏；左掌变成拳杯，由下向前向上欲饮，右掌护在胸前；目视左拳杯。（图16）

图 15

图 16

14.天王托塔

左脚落于右脚后一步，晃腰，右脚跟离地，上身后仰；两掌向前搂，然后变拳杯，先后做饮酒势，再变掌由下向上方撩；目斜视右手。（图17）

15.仙童弹球

身体向左转180度，晃腰，两掌随身势变拳杯旋腕，右腿向上踢，头部前倾，左拳杯随身向口部送，右拳向身后甩击；目视左拳杯。（图18）

图 17

图 18

16.八仙醉坪

右脚落地，两脚跟离地，向前上两小步，晃腰，两拳杯随身左右旋腕，然后向前跳步醉坐，上身向前伏平，同时两拳变掌向上颈扣按颈部；目视腿部。（图19）

17.暗箭四射

上述动作不停，上身突然后仰，两脚同时前弹蹬，两手分别向两侧击地，然后两脚再向上猛弹，两掌随之附贴于小腹两侧；目视脚尖。（图20）

图 19

图 20

18.溜地旋风

上述动作不停，两脚向前弹蹬，然后同时向上向内屈弹；两手按地，以臀部和两手掌为轴向左旋转180度；目视前方。（图21）

19.醉汉观星

收脚蹦起，双膝前屈欲跪，上体后仰；右拳杯由下向上，举于

头上方，左手经胸前向后甩击；同时向后仰；目视天空。（图22）

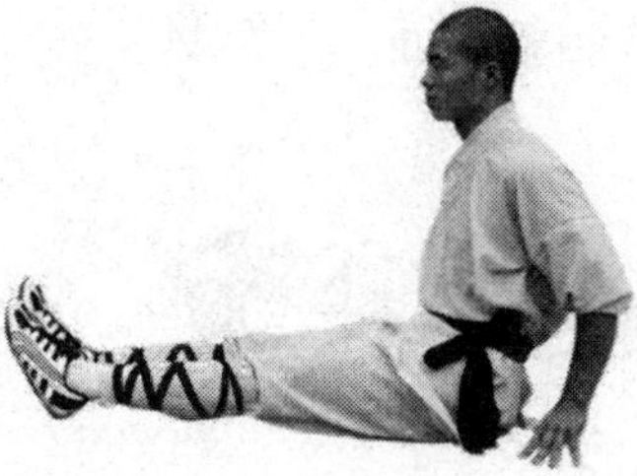

图 21

图 22

20.文王赏酒

左脚向前上一步，身体向右转90度，晃腰；左拳杯随身由后向前抖杯，然后稍向内吸，上体向后晃腰左斜；目视左拳杯。（图23）

图 23

21.醉汉拜地

右脚向前上一步，与左脚并拢；两拳杯由内向外旋臂晃腰，头随身摇，两拳杯变掌，前推内搂，分扎胸上部两侧，上体向前俯倒地，两腿伸直；两掌在胸前按地；目视地面。（图24）

图 24

22.蛤蟆跌丘

上述动作不停，两掌拧地，双臂架身；两腿绷直，脚尖蹬地，向前纵身伏跳；目视两掌。（图25）

23.城下献酒

右脚向前一步落于右手处震脚；两手迅速离地，上身仰起，右掌变拳杯，屈肘欲饮，然后向前向上甩杯，左臂屈肘横穿，左掌变拳杯护于胸前，两腿跪成麒麟步；目视右拳杯。（图26）

图 25

图 26

24.饮酒护首

图 27

起身，两脚尖拧地，晃腰，身体向左转90度；左掌成拳杯，随身旋腕，屈肘向内上方欲饮，右拳由下向外向上画弧，然后倒架头上方；同时提起左膝，向上俯架身前，脚面绷平，全身重心移于右腿上；目视前方。（图27）

25.太白醉酒

左脚落地，移于右脚前右侧一步成叉步，两脚尖点地，再抬右脚向右后侧移一步，左脚后移半步，两腿屈膝成麒麟步，身体向右转90度，晃腰;右拳变拳杯出胸前向右抖提，拳心向内，左拳杯随身势向后甩，拳心向右；同时上身后仰，两腿微向前屈；目视右拳杯。（图28）

26.铁牛耕地

右脚向左脚前左侧移一步，使两腿成叉步，再抬左脚向后上方伸摆，成燕势平衡势，两手拳杯随身抖肘、游杯，右臂屈肘，右拳杯向下收于右肋侧，左臂屈肘，左拳杯由左向前向上抖送；同时上体向前伏；目视左拳杯。（图29）

图 28

图 29

27.醉汉观阵

上述动作不停，左脚下落与右脚并步，脚跟离地，向前跟跄蹦跳一步，左脚向后移一步，脚跟离地，右腿微屈，成跪麒麟步，上体稍向后仰；同时两拳变掌，右掌心向前抢，左臂屈肘，左掌向前穿出，掌心向右，掌指斜向上；目视两掌。（图30）

28.仙童弹球

两脚踬地，身体向左转180度，两掌变拳杯，随身向前抖肘亮杯，两脚跟离地，右脚立地，抬左脚向前向上弹踢，脚面绷平；左拳杯随身抖肘，屈肘向上，近口欲饮，右拳杯向后甩，同时上体尽量后仰；目视左拳杯。（图31）

图 30

图 31

29.罗汉出酒

上述动作不停，左脚下落于右脚后一步，右脚向后退一步，两脚并步，颤体、晃腰，身向前倾，双膝欲向前跪，然后上身再稍向后仰；同时两手变成五花掌，经胸前屈肘后顶，目视前方。（图32）

30.八仙醉坪

上述动作不停，双脚起跳，向前跃步，臀部坐地，头晃背游，然后两拳杯变掌，扣压于颈后部，头稍向下栽，上体前俯。（图33）

图 32

图 33

31.酒花四射

上述动作不停，挺腰，颤臂震起，先抬右脚，后抬左脚，跟跄移步成并步；两掌变拳杯，晃腰，两拳经胸前环游，右拳杯直臂向上泼酒，左拳杯随身势向下向后甩杯；目视前上方。（图34）

32.将帅碰杯

右脚后移一步，身体向右转90度，晃腰；右拳杯随身势由上下甩左游，左拳杯内收，然后左拳杯由胸前向外向上撞碰，拳心向外；目视左拳杯。（图35）

图 34

图 35

33.仙童弹球

右脚落于左脚前左侧一步，使两腿成叉步，左脚再向后挪半步，右脚跟后移半步，使两腿成斜马步；两拳杯随身势由右向左游杯，颤胯、抖肘，身体向左转90度，收左脚晃腰，再抬左腿向左向上弹踢，左拳杯向外画弧，然后藏于身后，右拳杯向前向上举至口部欲饮；目视左侧。（图36）

34.小三让杯

左脚下落右脚前外侧一步，晃腰，身体向右转90度，右脚向前上半步，颤臂、游杯，两腿前屈，上体后仰；右拳杯由左经胸前向右上方甩，左臂屈肘，左拳杯后甩；目视右拳杯。（图37）

图 36

图 37

35.文王赏酒

右脚向左脚前外侧移一步，身体向右转45度，使两腿成叉步，左脚向后半步，再抬右脚移于左脚右侧成并步，在移步时晃腰、颤胯、游杯；左拳杯随身势由右下方向左上方屈肘上举，拳心向内，右拳杯反拳端于胸右侧，拳心向内，同时上体稍向后仰；目视左拳杯。（图38）

36.醉仙敬天

右脚向后移一步，身体向右转180度，晃腰、颤胯，再抬左脚向前上半步，与右脚跟跄并步，两拳杯随身势由左向右颤肘、游杯，左拳杯向后甩，右拳杯向前上举至口部欲饮；同时上体向后仰；目视天空。（图39）

图 38

图 39

37.醉汉让酒

右脚向后退一步，身体向右转90度，左脚移于右脚前右侧一步，使两腿成叉步，右脚再向右后侧横上一步，左脚后移半步成斜马步，同时晃腰、颤胯；两拳杯随身游甩；身体再右转90度，两腿向前屈膝欲跪，脚尖点地，右拳杯前游屈肘，杯口对着口部，左拳杯后甩，上体稍向后仰；目视右拳杯。（图40）

38.醉仙坐坪

上述动作不停，两拳杯迅速变掌，两腿向前跃步坐下；两掌按地；同时臀部与两腿着地，脚面绷平；目视前方。（图41）

图 40

图 41

39.黑风扫林

上述动作不停，以两掌和臀部为轴，两腿两脚相并绷直，向左旋扫180度；然后两掌由腰两侧向内画弧，在髋部变拳杯；同时两脚向前上方弹蹬；目视前方。（图42）

图 42

40.天王端塔

上述动作不停，两手先分按臀部两侧，五指点地，纵身而起，晃腰、抖肘，身体向右转180度；两拳杯随身由左向右上方甩，左拳杯前至右肘前；同时左脚向后退一步，脚跟离地，上体向后仰；目视右拳杯。（图43）

41.城下献杯

左脚向前上一步，踉跄、晃腰，右脚再向前上一步，屈膝，左腿下伏、欲跪，左脚尖点地，再晃腰；两拳杯由左向右上方抖肘送杯，上身稍向后仰，右拳杯在上；目视右拳杯。（图44）

图 43

图 44

42.李白拜地

晃腰、抖肘，右脚移于左脚前外侧一步，右脚向后方退一步，左脚再向后退半步，颤胯、晃腰，两拳杯变掌，身体向前栽倒伏地，头稍抬起，目视右侧。（图45）

图 45

43.醉汉观星

上述动作不停，四肢劲弹，纵身而起，右脚向前上一步；两掌变拳向胸前左右三冲击；然后两腿屈膝欲跪，脚跟离地，右臂抖肘向上，杯口对着口部，左臂屈肘向后甩；目视右拳杯。（图46）

44.醉汉碰杯

上述动作不停，身体向左转45度，晃腰、抖肘、游杯，抬右脚向左脚后侧移一步，使两腿成叉步，左脚向前上半步，晃腰；同时左拳杯由左向右上方微屈肘冲出，拳心向右，右臂抖肘，右拳杯后缩，上体向右后方扭仰，右脚跟离地；目视左拳杯。（图47）

图 46

图 47

45.金鸡独立

左脚向后踉跄倒退一步，晃腰，身体向左转90度，颤胯、游杯，然后提起左膝，脚面绷平；同时右拳杯经胸前向外向上画弧倒扣，拳心向下，左臂由外向内屈肘，左拳杯亮于胸左侧，拳心向

内；目视前方。（图48）

46.醉仙敬天

左脚与右脚相距一步落地，身体向左转90度，右脚向前上一步，震脚；转身时抖右肘游杯，右拳杯由右后方向前欲饮，左拳杯向后向下甩，拳心向上，上体向后仰；目视右拳杯。（图49）

图 48

图 49

47.醉汉谢主

右脚向后倒退一步，身体向右转90度，左脚向右脚前右方移一步，使两腿成叉步，再抬右脚向右方移一步，使两腿成马步；两拳杯由外向内抖肘，赏饮；目视前方。（图50）

上述动作不停，右脚与左脚并步；两拳变掌，两掌相合于胸前；目视前方。（图51）

图 50

图 51

收 势

两脚不动；两掌由胸前向内上方画弧，然后垂贴于两大腿外侧，掌心向内，身体挺直；目视前方。（图52）

图 52

少林长护心意门拳

动作名称

第一节

预备势

1.双手推碑

2.双手按掌

3.转身扳手

4.弓步格手

5.败势跨虎

6.上步阳拳

7.卧心炮捶

8.七星冲拳

9.马步侧拳

10.收步挤拳

11.左右砍掌

12.提膝肘捶

13.弹花冲捶

14.马步崩拳

15.转身扳手

16.弹花冲捶

17.收步跨虎

18.转身冲拳

19.连三拳

20.夜叉钳妖

21.十字通臂

22.叉步撩拳

23.罗汉亮臂

24.马步侧拳

25.转身金绞剪

26.左右采脚

27.弹花冲捶

28.夜叉过河

29.小儿叫门

30.泥里拔葱

31.撩手采脚

32.退步撩掌

33.旋风脚

34.倒踢金卵

35.提膝栽捶

36.弓步崩拳

37.并步冲拳

第二节

38.弓步扳手

39.藏肘捶

40.弹花冲捶

41.收步跨虎

42.十字通臂

43.马步揣拳

44.罗汉藏威

45.十字通臂

46.叉步撩拳
47.罗汉亮臂
48.马步侧冲拳
49.转身金绞剪
50.鸳鸯踹脚
51.转身跨虎
52.梅鹿弹蹄
53.提膝亮掌
54.进肘崩拳
55.并步崩捶

第三节

56.转身扳手
57.弹花冲捶
58.收步跨虎
59.十字通臂
60.马步揣拳
61.白猴束身
62.十字通臂
63.叉步撩拳
64.仆地打虎
65.金鸡独立
66.仆步进肘
67.金鸡独立
68.平心炮
69.三箭步
70.弹花冲捶
71.藏龙卧虎
72.提膝撩掌
73.弓步推掌
74.藏龙卧虎
75.提膝撩掌
76.金鸡绞剪
77.撤步右跨虎
78.撤步左跨虎
79.双震脚
80.两抢手
81.双云顶
82.七星冲拳
83.马步侧拳
84.五花坐山
收　势

动作图解

第一节

预备势

两脚开立，间距五寸，脚尖向前；两手握拳，屈肘抱于腰间，身体挺直；目视前方。（图1）

1.双手推碑

两脚不动，同时两拳变掌；向内对掌背，屈肘向胸前转掌。（图2）

上述动作不停，两手由内向外转掌，同时向前推出，掌心向前，掌指向上；目视前方。（图3）

2.双手按掌

两脚不动，两掌向外转掌，然后由内向外画弧，向下推按，五指微开，掌心向下，掌指向内；目视前方。（图4）

图 1

图 2

图 3

图 4

3.转身扳手

两脚踩地，身体向右转90度，成右弓步；同时，右掌随身向前推出，掌心向外，掌指向上，左掌变拳，抱于腰间；目视右掌。（图5）

4.弓步格手

两脚踩地，身体向左转180度，成左弓步；同时右掌随身向前抓，然后变拳抱于腰间；左手在转身后变掌，屈肘向前崩格，掌心向前，掌指向上；目视左手。（图6）

图 5

图 6

5.败势跨虎

收左脚落右脚旁，成虚步，两腿微蹲；同时左掌由上向下劈打，右拳由下向上轮撩，然后屈肘上架，高与眉平，拳心向前；目视左侧。（图7）

6.上步阳拳

左脚向前一步，成左弓步；同时左掌变拳由下向前屈肘冲击，拳心向内；右拳在上步时变掌向外拦撩，然后变拳抱于腰间，拳心向上；目视左拳。（图8）

图 7

图 8

7.卧心炮捶

左脚不动，抬右腿向前提膝；同时左拳由前向下撩打，掌心向上，右拳由下向上屈肘上冲，拳心向内；目视前方。（图9）

上述动作不停，下体不变；左拳变掌，右拳由上向下砸击，与左掌相合；目视两手。（图10）

8.七星冲拳

右脚向后落一步，两脚踬地，身体向右转180度，上左脚成丁字步，两腿微蹲；左掌变拳，两拳随身向前冲击，拳心向下，左拳前至右手腕后内侧；目视两拳。（图11）

图 9

图 10

9.马步侧拳

左脚向后退一步，两脚踩地，身体向左转90度，两腿半蹲成马步；同时两拳随身回胸前环弧，然后由胸前向两侧展臂击出，拳心向下；目视前方。（图12）

图 11

图 12

10.收步挤拳

右脚不动，收左脚落于右脚内侧，两腿微蹲；同时两拳由外向内环弧，在腹前下方屈肘遇会，两拳尖相对，拳心向下；目视

左侧。（图13）

图 13

11.左右砍掌

右脚不动，左脚向左移一步，成马步；同时左拳变掌由内向外砍击，掌心向下，右拳抱于腹部；目视左掌。（图14）

上述动作不停，两脚踝地，身体向左转90度，抬右脚向前上一步；同时左掌变拳收回，抱于腹部，右拳变掌向前砍击，掌心向左，掌指斜向下；目视右掌。（图15）

图 14

图 15

12.提膝肘捶

右脚不动，抬左腿向前提膝；同时右掌变拳，屈肘亮于胸前，拳心向内，左拳由内向外拦撩，然后再向内屈肘抖拳，拳心向内；目视左拳。（图16）

13.弹花冲捶

右脚不动，左脚向前一步落地，成左弓步；同时左拳从胸前向内向下旋腕，然后左拳向上架于头右侧，拳心向前，右拳向前冲击，拳心向下；目视右拳。（图17）

图 16

图 17

14.马步崩拳

两脚踬地，身体向右转90度，使两腿成叉步；同时右拳随身向右侧甩击，拳心向左，左拳由左向右屈肘捶击，拳心向内；目视左拳。（图18）

上述动作不停，左脚不动，收右脚与左脚成并步；同时左拳由右向左崩击，拳心向下，右拳由外向内屈肘抱于右肋下，拳心向上；目视左拳。（图19）

图 18

图 19

15.转身扳手

右脚向右移一步，两脚踊地，身体向右转90度，成右弓步；同时两拳变掌，右掌向前推击，掌心向外，掌指向上，左掌端于腰间，掌心向下，掌指向前；目视右掌。（图20）

16.弹花冲捶

抬左脚向前上一步，成左弓步；同时两掌变拳，右拳向前猛冲，拳心向下，左拳向外撩打，然后架于头上右侧，拳心向前；目视前方。（图21）

图 20

图 21

17.收步跨虎

右脚不动，收左脚落于右脚内侧，成左虚步，两腿微蹲；同时右拳由前向外撩打，然后上架于头右侧，拳心向前，左拳变掌，由上向下撩劈，掌心向下，掌指向前；目视前方。（图22）

18.转身冲拳

右脚向后退一步，两脚踩地，身体向右转180度，成右弓步；同时左掌变拳，随身向前冲击，拳心向下，右拳随身向前撩打，然后向后甩击，拳心向内；目视左拳。（图23）

图 22

图 23

19.连三拳

右弓步不变；右拳向前冲击，拳心向下，同时左拳收回抱于腰间。

上述动作不停，右弓步不变；出左拳向前冲击，拳心向下，同时收回右拳，抱于腰间。

上述动作不停，两脚蹍地，身体向左转90度，成马步；同时左拳收回，抱于腰间，速出右拳向右侧展臂崩击，拳心向下；目视右拳。（图24）

20.夜叉钳妖

两脚蹍地，身体向右转90度，收右脚落于左脚前震脚，两腿微蹲；同时两拳变成钳子手，双手随身向前下方抖腕甩打，掌心相对；目视前方。（图25）

图 24

图 25

21.十字通臂

抬左脚向前上一步，成左弓步；同时两掌变拳随身向前后展臂冲击，右拳在前，拳心向下，左拳在后，拳心向前；目视右拳。（图26）

22.叉步撩拳

左脚不动，右脚向前上半步，两脚踝地，身体向右转90度，成叉步；同时两拳回胸前环弧，然后右拳向右侧撩击，拳心向下；左拳向外撩，然后向内屈肘抱于腰间，拳心向上；目视右拳。（图27）

图 26

图 27

23.罗汉亮臂

抬左脚向左移一步，两腿半蹲成马步；同时两拳变掌随身向左右屈肘贴胸横推，两掌心向内；目视前方。（图28）

两腿马步不变；上述动作不停，两掌向内晃臂抖腕，然后变拳，架垂于身体两侧，拳心向后；目视前方。（图29）

图 28

图 29

24.马步侧拳

两腿马步不变；两拳由内向外屈肘抖臂，两拳心向前，高与鼻平；目视前方。（图30）

两腿马步不变；上述动作不停，两拳回胸前环弧，然后同时向两侧展臂崩击，拳心向下；目视左侧。（图31）

图 30

图 31

25.转身金绞剪

两脚蹍地，身体向左转90度，成左弓步；同时两拳变掌随身向前屈肘，插前抖掌，两掌心向内；目视两掌。（图32）

图 32

26.左右采脚

左脚不动，抬右腿向前弹踢；同时右掌向前拍击右脚面，左掌变拳收回，抱于腰间；目视右脚。（图33）

上述动作不停，右脚落地，抬左腿向前弹踢；同时左拳变掌向前拍击左脚面，右掌变拳抱于腰间；目视左脚。（图34）

图 33

图 34

27.弹花冲捶

左脚向前一步落地屈膝，右腿伸直，成左弓步；同时右拳向前冲出，拳心向下，左掌变拳向外向上画弧，然后上架于右前方，拳心向前；目视右拳。（图35）

图 35

28.夜叉过河

两脚踬地，身体向右转180度，左脚向前上一步，成左弓步；同时两拳变成钳子手，右手随身屈肘向胸前亮掌，手心向左，左手由胸前向后撩打，手心向后；目视前方（图36）。稍向前移右脚，使两腿成叉步；右手不动，左手反腕掠掌（图37）。

图 36

图 37

29.小儿叫门

接上一动作，左脚向前迈一步，两脚踬地，身体向右转180度，成右弓步；同时右手随身向前成侧立掌推出，掌心向前，掌指向上；左手由内向外撩，然后端于腰侧，掌心向上，掌指向前；目视右手。（图38）

30.泥里拔葱

抬左脚向前上一步，震脚，与右脚成并步，两腿半蹲；同时两手随身在胸前环撩，右手由前向后屈肘在左膝前亮掌，掌心向内；左手由胸前向左侧劈撩，掌心向右，掌指向上；目视前方。（图39）

图 38

图 39

31.撩手采脚

抬右腿向前弹踢；当全身腾空时，出右掌向前拍打右脚面，左手由内向外撩，然后变拳抱于腰间；目视右脚。（图40）

32.退步撩掌

右脚向后一步落地，两脚踝地，身体向右转90度，右腿屈膝，左腿蹬直，成右弓步；同时左拳变掌由右向左侧撩劈，掌心向前，右掌变拳由外向内屈肘端于腰间，拳心向上；目视左掌。（图41）

图 40

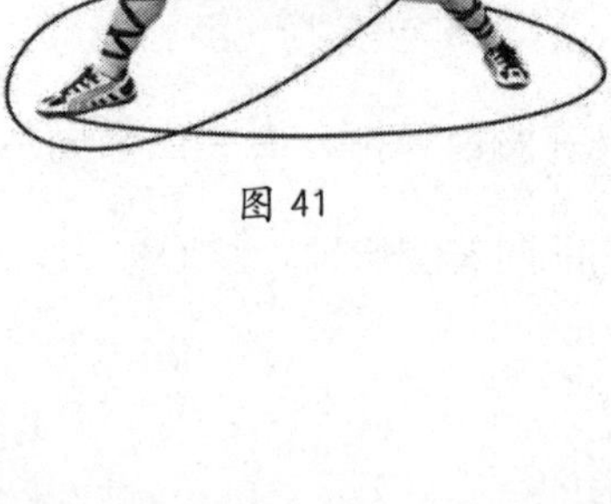

图 41

33.旋风脚

以左脚为轴，抬右脚由右向左旋摆360度；同时出左手随身向右拍击右脚内侧，右掌变拳抱于腰间，拳心向上；目视前方。（图42）

34.倒踢金卵

右脚向前一步落地，抬左脚向右后踢；同时出右手向后拍打左脚跟，左掌端于腰间，掌心向上，掌指斜向前；目视右侧。（图43）

图 42

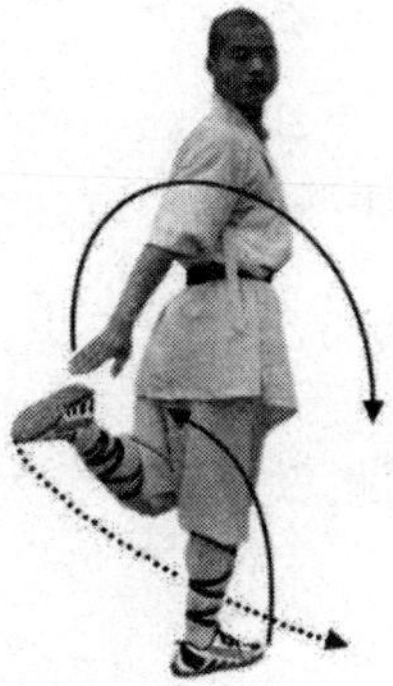

图 43

35.提膝栽捶

左脚落于右脚前，抬右脚向左泼踢，身体向左转90度；出左手拍击右脚内侧；然后右掌变拳由胸前向右侧下方揣击，拳心向前；左拳变掌，抱于胸前，拳心向上；目视前方。（图44）

36.弓步崩拳

右脚向右侧一步落地，成右弓步；同时右臂微屈肘，右拳由胸部向前崩击，拳心向内，左拳由内向外撩，然后抱于腰间；目视右

拳。（图45）

图 44

图 45

37.并步冲拳

收右脚与左脚成并步，身体向左转45度；同时左拳由内随身向左冲击，拳心向下，右拳抱于腰间；目视左拳。（图46）

图 46

第二节

38.弓步扳手

抬右脚向右移一步，两脚踊地，身体向右转90度，成右弓步；同时右拳随身向前屈肘扳击，拳心向内；左拳向外撩，然后抱于腰间，拳心向上；目视右拳。（图47）

39.藏肘捶

右脚不动，抬左腿向前提膝；同时左拳由外向内屈肘竖拳，拳心向内，右拳由外向内屈肘抖拳，位于左肘内侧，拳心向内；目视左拳。（图48）

图 47

图 48

40.弹花冲捶

左脚向前一步落地屈膝，右腿蹬直，成左弓步；同时右拳由后向前冲击，拳心向下；左拳由内向外再向上画弧，位于右拳内侧，拳心向前，目视右拳。（图49）

41.收步跨虎

右脚不动，收左脚落于右脚内侧，成丁字步，两腿半蹲；同时左拳由内向外侧下方击出，拳心向内；右拳由前向下再向上画弧，然后屈肘上架于头上方，拳高于耳，拳心向前；目视左侧。（图50）

图 49

图 50

42.十字通臂

右脚后退一步，两脚蹍地，身体向右转180度，成右弓步；同时左拳与右拳在胸前遇会，然后同时向前后抖肘冲击，左拳在前，拳心向右，右拳在后，拳心向下；目视前方。（图51）

43.马步揣拳

两脚蹍地，身体向左转90度，两腿屈膝成马步；同时两拳在胸前环弧，然后右拳由内向右侧揣击，拳心向下，左拳向外撩打，然后抱于腰间，拳心向上；目视右拳。（图52）

图 51

图 52

44.罗汉藏威

收右脚，震脚，然后落于左脚前，两脚踝地，身体向右转90度，两腿半蹲；同时两拳变成钳子手，右手由右前方向下撩打，掌心向左；左臂由左向右屈肘抖腕，左掌弹指，掌心向右；目视前方。（图53）

45.十字通臂

右脚不动，抬左脚向前上一步，成左弓步；同时两钳手变拳，在胸前回环后同时向前后冲击，右拳在前，左拳在后，两掌心向下；目视右拳。（图54）

图 53

图 54

46.叉步撩拳

左脚不动，抬右脚向前上一步，两脚踞地，身体向右转90度，成叉步；同时右拳向右侧崩击，拳心向下，左拳抱于腰间；目视右拳。（图55）

47.罗汉亮臂

抬左脚向左跨一步，两腿屈膝半蹲成马步；同时两拳变掌，贴胸屈肘推出，掌心向外；目视前方。（图56）

图 55

图 56

上述动作不停，两脚不动，马步不变；两掌变拳；同时展臂，两拳向内抖腕、震拳，拳背相对，拳心向外；目视前方。（图57）

上述动作不停，马步不变；两拳由内向外同时抖肘、摇拳，两拳心向外；目视前方。（图58）

图 57

图 58

48.马步侧冲拳

两脚不动，马步不变；两拳由上向内向下在胸前环弧，然后同时向两侧冲击，两拳心向前；目视左侧。（图59）

49.转身金绞剪

两脚踞地，身体向左转90度，左腿屈膝，右腿蹬直，成左弓步；同时两拳变掌，随身由外向内屈肘、叉腕推出，掌心向外，掌指向上；目视两掌。（图60）

图 59

图 60

50.鸳鸯踹脚

左脚不动，抬右脚向前提膝；两手随身抖腕向下推出；目视前方。（图61）

接上一动作，以左脚为轴，抬右腿向右侧弹踹，身体向左转180度。两臂仍屈肘，两手成叉手随身转动；目视前方。（图62）

图 61

图 62

51.转身跨虎

右脚向前一步落地，两脚踬地，身体向左转180度，收左脚落右脚左侧，成丁字步，两腿半蹲；同时两掌变为钳子手，左手由胸前向左侧下方劈打，掌心向后，右手由胸前向外上画弧，然后右手变拳上架于头上右侧，拳心向外；目视前方。（图63）

图 63

52.梅鹿弹蹄

左掌变拳，右拳不变；抬右脚向前跳一大步，当右脚尖落地时，速抬左腿向前弹踢；目视左脚。（图64）

53.提膝亮掌

左脚向前一步落地，抬右腿向上提膝；同时两掌回胸前环弧，然后右掌由胸前向右侧下方垂臂栽掌，掌心向后；左掌向外撩，然后向内屈肘亮掌，掌心向右；目视前方。（图65）

图 64

图 65

54.进肘崩拳

右脚向前一步落地，右腿屈膝，左腿蹬直，成右弓步；同时右臂屈肘向前冲击，肘尖向前；两掌变拳，左臂屈肘，左拳抱于腰间，拳心向上；目视前方。（图66）

上述动作不停，右弓步不变；右臂抖肘向前崩击，拳心向内，左拳端于腰间，拳心向上；目视右拳。（图67）

图 66

图 67

55.并步崩捶

两脚踉地，身体向左转90度，收右脚与左脚成并步；同时左拳随身向左侧崩击，拳心向下，右拳由内向外撩打，然后抱于腰间，拳心向上；目视左拳。（图68）

第三节

56.转身扳手

抬右脚向右跨一步，两脚踝地，身体向右转90度，成右弓步；同时右拳变掌随身向前抖腕扳击，掌心向内，掌指向上，左臂由外向内屈肘，左拳抱于腰间；目视右掌。（图69）

图 68

图 69

57.弹花冲捶

抬左脚跨向前上一步，成左弓步；同时右掌变拳，与左拳在胸前环弧，右拳向前冲击，拳心向下，左拳由内向外向上画弧，然后上架于头上前方，拳心向下；目视右拳。（图70）

58.收步跨虎

收左脚落右脚旁，成丁字步；同时左拳变掌，在胸前环弧，然后左掌由前向左侧下方劈撩，掌心斜向后，右拳由内向外向上画弧，上架于头部右侧，高与眉平，拳心向前；目视前方。（图71）

图 70

图 71

59.十字通臂

左脚踏实，抬右脚向后退一步，两脚蹍地，身体向右转180度，成右弓步；同时左掌变拳，与右拳在胸前环弧，然后两拳同时向前后冲击，左拳在前，右拳在后，两拳心向下；目视左拳。（图72）

60.马步揣拳

两脚蹍地，身体向左转90度，成马步；同时右拳由后向右侧揣击，拳心向下；左拳向外撩打，然后向内屈肘抱于腰间；目视右拳。（图73）

图 72

图 73

61.白猴束身

左脚不动，收右脚落于左脚前，成右虚步，两腿半蹲；同时两拳变掌，右掌向左抖劈，然后再向右撩打，掌心向下，左臂由外向内屈肘，左掌向右横推，掌心向左；目视前方。（图74）

62.十字通臂

抬左脚向前上一步，成左弓步；同时两掌变拳，经胸前同时向前后直臂冲击，右拳在前，左拳在后，拳心向下；目视右拳。（图75）

图 74

图 75

63.叉步撩拳

左脚不动，抬右脚向上一步，左脚再上一步，两脚踉地，身体向右转90度，成叉步；同时右拳由左向右撩拳，拳心向下，左臂屈肘，左拳抱于腰间；目视右拳。（图76）

64.仆地打虎

右脚不动，抬左脚向左跨一步，右腿全蹲，左腿蹬直，成左

仆步；同时右拳变掌，经胸前向右侧下方与左拳会击；目视左侧。（图77）

图 76

图 77

65.金鸡独立

右脚不动，抬左腿向前提膝；同时右掌变拳，由下向外向上画弧，然后上架于头上前方，拳心向前，左臂向内屈肘，左拳抱于腹前，拳心向上；目视前方。（图78）

图 78

66.仆步进肘

右脚不动，左脚向左横跨一步，左腿屈膝，右腿蹬直，成右仆步；同时两臂屈肘，抱拳于胸前（图79-①）。然后起身成右弓步；两臂屈肘向右崩扛；目视右侧（图79-②）。

①　　②

图 79

67.金鸡独立

起身，收右脚与左脚成并步，然后右腿提膝；同时左拳由内向外画弧，然后上架于头上左侧，拳心向前，右臂屈肘，右拳附于右大腿上方；目视前方。（图80）

68.平心炮

右脚向右一步落地，抬左脚向右与右脚成并步；同时左拳变掌，与右拳腹前合击；目视前方。（图81）

图 80

图 81

69.三箭步

抬右脚向前箭跳一步；同时左掌向左侧下方甩撩，掌心向后，掌指向下；右掌立于胸前，掌心向左，掌指向上；目视前方。（图82）

图 82

上述动作不停，抬右脚向前箭跳一步，然后左腿全蹲，右腿蹬直；两掌随身环护腰间；目视右脚。（图83）

图 83

70.弹花冲捶

起身，右腿屈膝半蹲，左腿蹬直，成右弓步；同时两掌变拳在胸前画弧，然后左拳向前冲击，拳心向下，右拳向外向上画弧，然后上架于头上前方，拳心向前；目视左拳。（图84）

71.藏龙卧虎

抬左脚向前上一步，两脚踉地，身体向右转180度，两腿屈膝全蹲成歇步；同时两拳变掌，随身由外向内向前屈肘、叉腕、亮掌，两掌心向外；目视前方。（图85）

图 84

图 85

72.提膝撩掌

起身，抬右腿向前提膝；同时左掌随身向前撩打，掌心向前，右掌向外撩，然后屈肘端于腰间；目视左掌。（图86）

73.弓步推掌

右脚向后落一步，两脚蹍地，身体向右转180度，成右弓步；同时右掌随身向前推击，掌心向前，左掌随身向外撩，然后屈肘端于腰间；目视右掌。（图87）

图 86

图 87

74.藏龙卧虎

右脚蹍地，抬左脚随身体向左转180度，转身后，左脚落在右脚后，两腿全蹲成歇步；同时两掌随身向前屈肘、亮掌；目视两掌。（图88）

75.提膝撩掌

起身，两脚蹍地，身体向右转90度，抬右腿向前提膝；同时左

掌向左侧撩摆，掌心向外，右臂屈肘，右掌端于腰间，掌心向上；目视左掌。（图89）

图 88

图 89

76.金鸡绞剪

右脚向右一步落地，两脚踾地，身体向右转90度，成右弓步；同时两掌由外向内向前推出，两掌心向外，掌指向上；目视两掌。（图90）

77.撤步右跨虎

右腿不动，左脚收回半步，两掌由左向右转腕。（图91）

接上一动作，左脚尖点地成丁字步，两腿半蹲；同时右掌变拳，由前随身向右侧下方劈撩，拳心向左；左掌变拳，由内向外向上画弧，然后上架于头左侧，拳心向内，高与眉平；目视右下方。（图92）

图 90

图 91

图 92

78.撤步左跨虎

右脚后退一步，收左脚落于右脚前，成丁字步，两腿半蹲；同时左拳变掌，由上向下劈撩，拳心向后；右拳由下向外向上抖肘架于头右侧，拳心向前；目视前方。（图93）

79.双震脚

左脚踏实，两脚踮地，身体向右转90度，然后抬右脚向右移半

步，震脚；同时抬左脚与右脚并步震脚；左拳与右拳由外向内屈肘抖腕，之后抱拳于胸前；目视前方。（图94）

图 93

图 94

80.两抢手

两脚踉地，身体向右转90度，抬右脚向前上一步，成右弓步；同时两拳变掌，右掌向前抡出，掌心向下，掌指向前，左掌由内向外撩打，然后端于腰间，掌心斜向上，掌指斜向下；目视右掌。（图95）

接上一动作，抬左脚向前上一步，成左弓步；同时左掌向前抡出，掌心向上，掌指向前，右掌收回，端于腰间，掌心斜向上，掌指斜向下；目视左掌。（图96）

图 95

图 96

81.双云顶

以左脚为轴，抬右脚随身体向右转270度，之后右脚在左脚前一步落地；同时两掌随身由左向右绕头云旋一圈；目视前方。（图97）

82.七星冲拳

右脚向右跨一步，两脚踉地，身体向右转180度，上左脚落右脚旁成丁字步，两腿半蹲；同时两掌变拳，经胸部向前冲击，拳心向下；目视两拳。（图98）

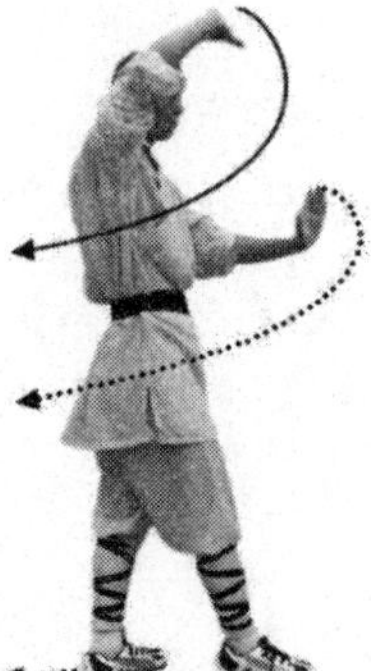

图 97

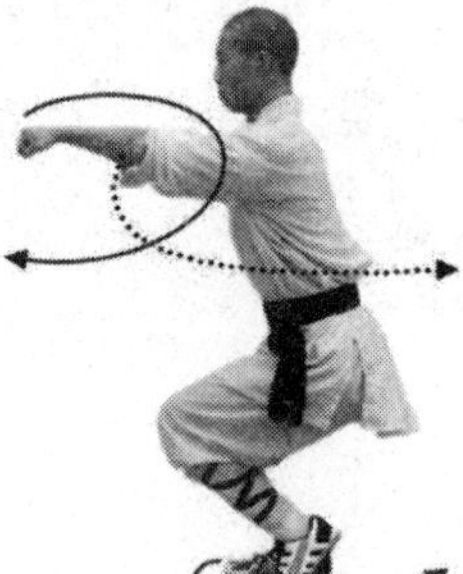

图 98

83.马步侧拳

左脚向后退一步，两脚踬地，身体向左转90度，两腿半蹲，成马步；同时两拳在胸前画弧，由内向两侧展臂冲击，拳心向下；目视左侧。（图99）

84.五花坐山

抬两脚向左横跳一步，左脚落右脚左侧一步，成马步；同时左拳由左向上向内画弧，然后向下栽击，拳落于左大腿上部，拳心向后，右拳由下向上向外画弧，然后上架于头上前方，拳心向前；目视左侧。（图100）

图 99

图 100

收　势

收左脚与右脚成并步；同时左拳由上向下垂臂，右拳由下向上再向下垂臂，然后两拳变掌附于大腿外侧，掌心向内；目视前方。（图101）

图 101